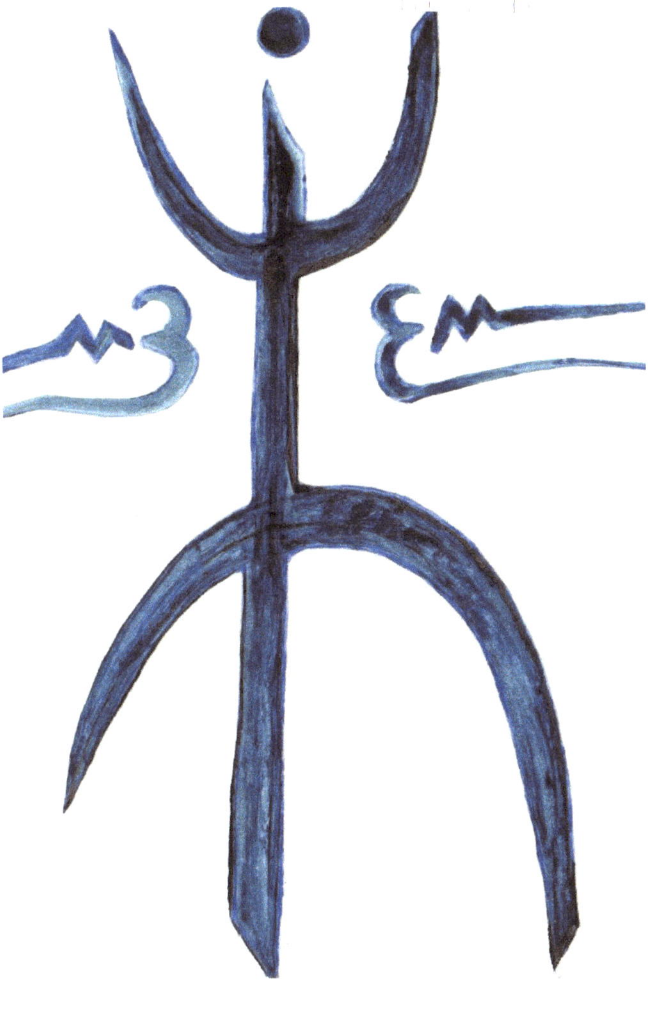

À travers ses poèmes, Souéloum Diagho nous livre les chants de son cœur.

Il vient du Nord du Mali, de Tessalit plus précisément. Son histoire prend racine dans l'histoire de son peuple et dans un exil non désiré. Il nous invite à découvrir sa parole, miroir d'une vie consentie à la quête de l'Amour et de la Paix.

Souéloum Diagho nous raconte le désert, espace grouillant de vie, palpitant comme le cœur de la planète. Il dit la richesse du silence et la force de son peuple, livre ses pensées et son regard sur notre monde occidental et nos peurs. Il explore tous les continents de la vie, de l'amour à la tristesse, en passant par le parfum du musc et le souffle du vent dans les dunes.

© 2021 Souéloum Diagho

Édition : BoD – Books on Demand, info@bod.fr
Impression : BoD – Books on Demand,
In de Tarpen 42, Norderstedt (Allemagne)
Impression à la demande

ISBN : 978-2-3224-4137-2
Dépôt légal : Juillet 2022

Le paradis perdu

Souéloum Diagho

Le paradis perdu

Il était une fois
une légende
qui donna
naissance au monde.

En confidence,
satan inspire leur esprit.

Ils sont
imprévisiblement
arrachés
à l'éden, à l'innocence.

Etonnés,
recouverts de l'habit naturel.

Poussés
dans le dos
par la main du satan.

Poursuivis
par la voix charmeuse.

Adama et Hawa
se trouvent
brusquement hors du paradis.

Attirés
par le fruit de l'arbre interdit
expulsés
du jardin des merveilles.

« Cherche la vérité là où elle est pure, non pas là où elle est approximative. »

Par
ces mauvais conseils,
ces désirs et convoitises,
ils sont
désormais
face
au choix de partir.

Affronter l'inconnu.

Adama et Hawa
se regardent dans les yeux
ni l'un
ni l'autre
n'est préparé.

« Conduis ta vie comme tu conduis ta monture et tu atteindras ton but. »

Craintifs,
d'un même ton,
ils se demandent
est-ce
la bonne décision ?

Est-ce le moment
de quitter
ce lieu, ce jardin ?

Frémissants
des jambes et des mains
ils avancent
vers le nouveau monde
en toute
crainte et incertitude.

« Corrige ton erreur, tu grandiras. »

Impulsif,
pris d'une colère de feu,
Adama
réagit contre Hawa,
la bouture de sa côte.

Cette compagne
par qui
le désir s'est manifesté
de croquer
le fruit interdit.

Ce fruit
de toutes les convoitises.

Quitter
leur paradis
les met en danger
de perdre
toute candeur et toute retenue.

*« Une partie de la sagesse est cette folie qui
te donne le courage d'oser. »*

Avant,
l'opulence et les richesses.

De belles terres arrachées par le souverain
aux abysses de vallées tourmentées
tantôt de lave, tantôt de fournaises.

Ensemencées depuis des orbites tournoyantes.

Sur ces terres,
grasses et fécondes,
germent
toutes les fleurs, tous les fruits.

Dans les montagnes,
sillonnées de rivières et de lacs pourpres,
des oiseaux paradisiaques et toutes sortes
d'animaux
évoluent en parfaite hamonie.

Dans les plaines peuplées,
les tigres croisent les biches
les lions sont les amis des chèvres.

« Dans le monde, il y a plus de folie que de sagesse.
Dans la sagesse elle-même, il y a une folie douce. »

Adama
devient
le père de l'humanité.

Hawa
est le nom
de la mère et de la vie.

Femme ou homme
à l'image
de dieu.

Lui qui insuffle
son souffle et son amour
dans le coeur
de la vie.

*« Donc le passé, tu l'as vu.
Le présent, tu le vois.
Le futur, tu ne sais pas. »*

Avant

Liberté et insouciance.

Le rosier et la rose
l'un dans l'autre.

La beauté, le confort
sans souci, sans gâchi.

Le lendemain assuré.

Le grand amour inconditionnel

La joie
des cœurs et de l'esprit.

*« L'ombre et la lumière cohabitent dans la même maison,
interdépendantes l'une de l'autre. »*

Aujourd'hui

Ce sont eux
encore et toujours.

Adama et Hawa

Dans
leurs ressemblances,
leurs différences.

Faits
l'un pour l'autre.

Faits de chair.

« Qui parle mieux le langage de la terre que l'eau ? »

Toujours
eux,
prisonniers
de leur grande décision.

Confrontés
à la vie de la chair.

Aux inquiétudes de la vie sauvage,
aux étendues imprévisibles.

Auxquelles
rien
ne les prédisposait.

« Pour le ver à soie, la forêt s'arrête au mûrier. »

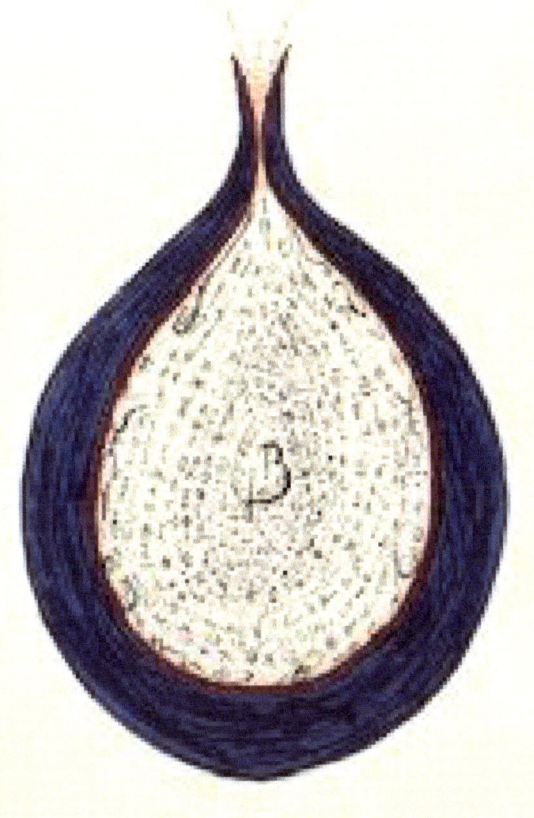

Adama
se resaissit

il regarde Hawa,
lui dit
allons-y.

D'un pas sûr,
ils vont
vers l'avant.

Vers
ces terres à découvrir,
ces obstacles à franchir,
les lions à dominer.

Vers
tous les pièges à déjouer
dont ils ignorent encore
les difficultés.

« Celui qui court vite ne peut accuser la tortue de marcher lentement, elle a ses raisons. »

Traverser
fleuves et rivières,
lacs bienfaisants,
clairières
du dedans et du dehors.

S'exposer
au danger
à la grandeur de l'inconnu
aux peurs, aux appréhensions.

Faire face
à la nouvelle vie

Dompter
les choses alentour.

Ils savent
qu'il leur faudra
du temps et du courage.

« Dans notre quête, ce qu'on voit cache ce qu'on cherche. »

A la nouvelle lune,
il leur faut
dénouer une interrogation.

A la prochaine lune pleine,
ils acceptent.
la faim et la soif.

Personne
ne viendra à leur secours.

Il faudra apprendre
à endurer les épreuves,
à contourner tous les dangers.

Au coeur,
ils ont la nostalgie.

De l'ombre fraîche d'une source,
des mains protectrices.

De la parole rassurante de leur père.

*« Tous les horizons se ressemblent,
mais il y en a un qui vous arrête parce qu'il
vous convient. »*

Tout à coup,
Hawa
murmure.

Il nous fallait essayer.
Oui,
mais essayer quoi ?

D'un arrêt sec,
Adama
se retourne.

Derrière lui,
il jette un regard.

Il pense
qu'ils ont quitté
la sécurité et l'abondance.

*« Ce que tu cherches,
existe déjà dans son horizon. »*

Là-bas,
suspendu
aux branches de l'horizon
un fruit mûr en équilibre.

Un lieu où tout
est à la bonne mesure
sans effort.

A distance,
il aperçoit le jardin
qui lui était destiné.
Désormais hors de portée.

De tout l'élan
de son corps et de son esprit,
il reprend sa marche pénible mais assurée
vers le nouveau monde.

Du regard,
Hawa répond oui.

Mais la route sera longue.

*« Toutes les étoiles ne sont pas à la même distance,
pourtant elles sont toutes là-haut. »*

Hawa
évoque
le même arrachement
le même questionnement.

Sans mots pour les dire,
elle sait.

Son aptitude,
son désir
d'aller plus loin.

Quelque chose d'instinctif
bat dans son coeur.

Le tiraillement
entre son esprit et sa raison
parle
à l'oreille de son âme
en douceur.

*« Ce que tu cherches, peut être que tu l'as,
sans le savoir. »*

Devant
Hawa et Adama.

En bas
dans la vallée
s'étale la plaine.

Un nouvel environnement.

Un monde
né de la continuité du temps,
des jours et des nuits.

Un monde forgé
par le soleil et la lune.

Par l'incessant va et vient
des marées
et des brumes.

*« Au bord de la conscience, il y a
l'inconscience. »*

Ils savent
que l'apprentissage sera long.

Tout revoir.

Apprendre
la douleur et la maladie
plus tard, la mort.

Allons,
allons vers notre destinée.

Adama et Hawa
reprennent la route.

Vers cette terre
où ils construiront la cité.

Qu'ils laisseront en héritage
à leurs enfants
aux enfants de leurs enfants
et
aux générations qui s'en suivront.

« Dans la confusion des émotions, il y a toujours un endroit serein. »

Ils marchent
droit devant eux.

Leurs regards
dans le lointain.

Ils se reposent
parfois.

Ils se donnent
l'un à l'autre
du courage et de l'assurance.

Aller
jusqu'au bout
parfaire le paradis d'une autre manière.

Solidaires
dans la fatigue
et dans le rêve.

Ils marchent.

*« Chaque enseignement ne peut briller que
par sa propre lumière. »*

Fébriles et nostalgiques,
sans armes,
ils voyagent
dorénavant
de plaine en plaine
de mois en mois
à travers houles et océans.

Toujours,
dans l'oreille de l'âme,
la voix millénaire du père.

Toujours
la même détermination.

« Qui va au monde, va à l'apprentissage. »

Hawa,

je te ferai des enfants
tu les porteras dans la fatigue
tu les mettras au monde
dans le bonheur et la joie
dans la douleur de la couche.

Adama,

tu les regarderas grandir
de tes mains, tu les nourriras
avec l'huile de tes coudes
tu laboureras la terre
pour en retirer ton blé.

Et ce,
jusqu'à la fin de tes jours.

Tu retourneras
à cette terre d'où tu as été façonné.

Né de la poussière
tu retourneras à la poussière.

*« Le vrai voyageur ne fait pas du sur place,
il fait découvrir. »*

Refoulés vers la même destination,

leurs esprits et leurs corps

cherchent une même voie

décident d'un même désir

prennent le temps de penser

inventent la route en marchant.

« La vue de l'aveugle se limite à la mesure de son bras. »

Ils disent
nous sommes la rose.

La roseraie
s'exclame en chacun de nous.

Un moment de silence
mûrit la pensée.

Puis
la route reprend le dessus.

Oui à la rose et à son parfum.

Hawa,
tu es la rose et moi, son nectar.

Sans parti pris.

*« Toutes les aventures ont un point de départ
et un point d'arrivée. »*

Adama
dans son for intérieur
pense
à sa compagne, si fragile,
si belle,
si vulnérable.

Une onde le traverse
il est envahi
de plaisir, de compassion.

D'un sursaut venu de l'intérieur
il la regarde
comme la justification de son amour.

« Une des plus grandes pertes est de perdre sa voie. »

Croyant en leur amour
si fort, si intense.

Pour l'amour de la femme
et de la mère future

Il n'y a plus de retour en arrière.

De toute son âme et de tout son corps
il dit oui à la vie future.

D'un geste naturel
il lui met une fleur dans les cheveux
comme un talisman.

Pour la protéger du courroux de l'éternel,
de la fureur des éléments.

« La raison est l'amoureuse de la prudence. »

Nous sommes la vie.

Nous sommes l'amour.

Nous sommes l'avenir.

« Quand on se connaît, on peut connaître le monde. »

Hawa

jette un dernier regard

sur la prairie, la vie d'avant.

Dans un élan déterminé

elle se tourne vers lui.

En elle-même,

elle se dit que l'aventure commence.

Dans l'ivresse

d'une confiance douce et mutuelle

ils se jettent dans l'inconnu.

« Chaque convoitise a son appétit. »

Dieu

dans sa promesse et sa clémence

oriente

leurs pas, leur destin et leur avenir.

Les vents

ramènent les souvenirs d'un temps révolus.

Un temps au-delà des temps.

Un temps

où les animaux parlaient le langage des humains.

« Chaque désert porte sa peine et sa soif. »

Il leur reste

le monde à découvrir.

La route est longue.

Plutôt la mort que la honte.

Le choix est fait.

Allons...

« Croire te donne de l'assurance.
Le silence te fait apprécier.
Le repos te donne de la patience. »

Toutes les pertes se valent.

La perte de ses espoirs

La perte de son amour

La perte d'un idéal.

*« Qui boit l'infini connaîtra le silence.
Et le silence le conduira au fini. »*

Impavides

Tournant leurs pas à leur paradis.

Adama et Hawa

franchissent le seuil du nouveau monde.

Ils pénètrent dans une nouvelle vie.

Un avenir mystérieux

plein d'aventures de promesses et d'inconnu.

Marche.

*« Toutes les voies conduisent à Dieu
sauf celle de l'ignorance. »*

La roseraie est fermée.

Il n'y aura plus jamais de retour.

Le paradis était trop beau pour survivre à la tentation.

« Tous les infinis se rassemblent dans le fini. »

Pour lui signifier
son amour
et sa détermination.

Adama
d'un geste tendre
et amical
serre sa compagne contre lui.

Ils reprennent
la route vers leur destinée.

Là-bas est leur avenir.

« Avec ou sans ramure, le mouflon mourra un jour. »

Ensemble
par monts et par vaux
ils bravent
tempêtes, pluies et bêtes féroces.

Ce monde est sans pitié
avec ses manques et ses splendeurs.

Ils donnent naissance
à cette race intelligente.

Si diverse en ses différences
semblable dans son humanité.

Si belle et destructrice
gardant pourtant
l'espoir.

*« Toutes les démonstrations ne valent pas
celle du jour levant. »*

Et l'amour humain est né
avec ses espoirs et son génie.

Ils s'enfoncent dans la jungle.

Le coeur plein de projets
l'âme grande ouverte.

Ils entrent dans l'espace-temps.

Espace de plaisir
Espace de peur
Espace de découverte.

*« Qui veut la solitude peut prendre la nuit
pour amie. »*

D'un geste de la main
il pointe du doigt
le soleil levant.

C'est dans cette direction
qu'il faut aller.

Là-bas
au pays des lumières.

Une nouvelle maison.

Un nouveau gîte.

« La prudence est la fille de la sagesse. »

D'une même détermination

D'un même élan

Pour le même avenir

Ils avancent.

*« La beauté du paradis est vue différemment selon d'où on la regarde.
Il y a ceux qui la voient dans un jardin fleuri.
Ceux qui la trouvent dans les plaisirs de la vie.
Et les autres qui la situent dans le ciel. »*

Ils partent.

L'horizon les convie
au terme
d'un long, long
voyage.

*« Celui qui pratique l'amour connaît le coeur.
Celui qui pratique l'aventure connaît la vie.
Celui qui pratique la bonté connaît la
satisfaction. »*

Adama
écoute le silence.

Le message perpétuel
se fait
de silence en silence.

Hawa
entend le matin.

Tout apparaît
tout s'étale.

Le jour efface les traces de la nuit.

Les ombres se taisent au murmure de la vie.

« Chaque obligation qui provient d'un choix est impérative. »

« Dans la chambre close de notre âme, il y a toujours un pli qui pense à dieu. »

Adama et Hawa
le cœur dans la main.

Ils s'enfoncent
éperdument dans le vaste monde.

Emportés
par l'espoir et le courage.

Dans un élan d'amour sans égal.

Leurs souffles au rythme des étoiles.

Leurs regards au reflet du soleil levant.

Ils content la nuit.

Ils déroulent le jour
au gré des vents.

« Dans la recherche de soi, il y a toujours une porte à franchir. »

*« Si jamais la vie me donnait la clé de la sagesse,
je serais à même d'ouvrir les portes qui y mènent. »*

Du même auteur

Poésies

- S. Diagho, Poésies touareg : Le chant des saisons,
    auteur – éditeur, Belgique 2001

- S. Diagho et S. Console : Peut-on peindre le désert en son entier,
    édition TRANS A.S.B.L., Belgique, 2000

- S. Diagho : La porte dorée d'émail du soleil, poésies touareg,
    édition Praelego, France, 2012

Poésies et photographies

- S. Diagho et C. Lejeune, photographies L. Vray : Ici et là …,
    édition Bruno Robbe, Belgique, 2008

- S. Diagho, photographies P. Chatelier : Grain de sable,
    édition Cacimbo, France, 2008

Trace de lune, Aphorismes, collection Arabes, édition The Book

2012.

Trace de lune, Aphorismes, édition spéciale, édition Lulu.com

Rudiments de Tamachek pour les débutants
édition à compte
D'auteur, Belgique 2012

La route vers le mont, maximes, édition à compte d'auteur
Belgique, 2012

Le livre des calligraphies, calligraphies, poésie touareg et Tifinagraphies
Edition Lulu.com 2013

Proverbes et sagesses des touaregs de l'Adah, proverbes tifinaghs
Tifinagraphies et calligraphies édition Lulu.com 2013

Au nom de ma terre, poésies, tifinagraphies, et calligraphies touareg

Edition Lulu.com 2015

Rudiments de Tamachek-français, édition Lulu.com

2016

Infos et contact soueloum@ hotmail.com

Site swelum.net.